Reina Elizabeth II
La monarca con el reinado más largo de la historia

Grace Hansen

Abdo
BIOGRAFÍAS: PERSONAS
QUE HAN HECHO HISTORIA
Kids

abdopublishing.com

Published by Abdo Kids, a division of ABDO, P.O. Box 398166, Minneapolis, Minnesota 55439.
Copyright © 2019 by Abdo Consulting Group, Inc. International copyrights reserved in all countries.
No part of this book may be reproduced in any form without written permission from the publisher.
Abdo Kids Jumbo™ is a trademark and logo of Abdo Kids.

Printed in the United States of America, North Mankato, Minnesota.

052018

092018

THIS BOOK CONTAINS
RECYCLED MATERIALS

Spanish Translators: Laura Guerrero, Maria Puchol

Photo Credits: Alamy, AP Images, Getty Images, iStock, Shutterstock

Production Contributors: Teddy Borth, Jennie Forsberg, Grace Hansen

Design Contributors: Dorothy Toth, Laura Mitchell

Library of Congress Control Number: 2018931823
Publisher's Cataloging-in-Publication Data

Names: Hansen, Grace, author.

Title: Reina Elizabeth II: la monarca con el reinado más largo de la historia / by Grace Hansen.

Other title: Queen Elizabeth II: the world's longest-reigning monarch. Spanish

Description: Minneapolis, Minnesota : Abdo Kids, 2019. | Series: Biografías: personas que han
     hecho historia | Includes online resources and index.

Identifiers: ISBN 9781532180408 (lib.bdg.) | ISBN 9781532181269 (ebook)

Subjects: LCSH: Elizabeth--II,--Queen of Great Britain, 1926---Juvenile literature. | Great
     Britain--Kings, queens and rulers--Biography--Juvenile literature. | Queens--Great Britain--
     Biography--Juvenile literature. | Women--Biography--Juvenile literature. | Spanish language
     materials--Juvenile literature.

Classification: DDC 941.085092--dc23

Contenido

Primeros años

La reina Elizabeth nació el 21 de abril de 1926. Nació princesa.

Pocos se imaginaban que un día sería la reina de Gran Bretaña.

Reino Unido

El abuelo de Elizabeth murió en 1936. Su tío Edward VIII heredó la corona pero no quiso ser rey. El padre de Elizabeth tomó su lugar, convirtiéndose en el rey George VI.

En Elizabeth recayeron muchas

responsabilidades. Durante

la Segunda Guerra Mundial

habló en programas de radio.

Consoló a muchos niños de

Gran Bretaña con sus palabras

cuando sólo tenía 14 años.

En 1947 Elizabeth se casó con Philip Mountbatten. Tuvieron cuatro hijos juntos.

El rey George VI murió en 1952. Esto significaba que Elizabeth pasaba a ser la **monarca** gobernante. Su **coronación** fue el 2 de junio de 1953.

13

Una reina joven

Elizabeth tuvo muchas
obligaciones. Una de ellas era
reunirse cada semana con
Winston Churchill, el **primer**
ministro. La actualizaba de los
asuntos políticos.

La reina Elizabeth también viajó muchísimo. Visitó todos los países en la **Commonwealth** de Gran Bretaña.

El gran aniversario

El 6 de febrero de 2017 fue

el 65º aniversario como

reina. Elizabeth pasó el día

tranquilamente pensando

mucho en su padre.

A Elizabeth se la conoce por su fortaleza y su elegancia. Su familia y su gente la adoran. Es muy respetada en todo el mundo.

Línea cronológica

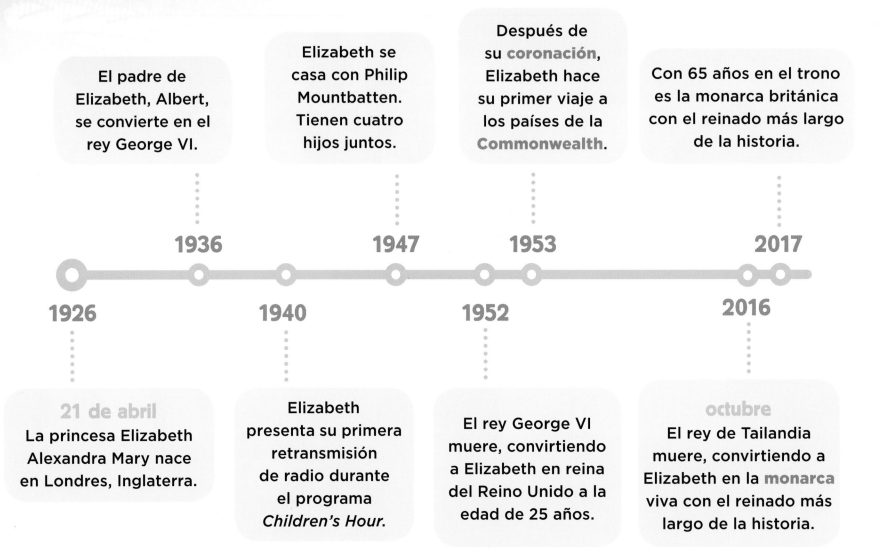

El padre de Elizabeth, Albert, se convierte en el rey George VI.

Elizabeth se casa con Philip Mountbatten. Tienen cuatro hijos juntos.

Después de su **coronación**, Elizabeth hace su primer viaje a los países de la **Commonwealth**.

Con 65 años en el trono es la monarca británica con el reinado más largo de la historia.

1936

1947

1953

2017

1926

1940

1952

2016

21 de abril
La princesa Elizabeth Alexandra Mary nace en Londres, Inglaterra.

Elizabeth presenta su primera retransmisión de radio durante el programa *Children's Hour*.

El rey George VI muere, convirtiendo a Elizabeth en reina del Reino Unido a la edad de 25 años.

octubre
El rey de Tailandia muere, convirtiendo a Elizabeth en la **monarca** viva con el reinado más largo de la historia.

Glosario

commonwealth – grupo de 52 países, principalmente antiguos territorios del imperio británico, dirigidos por la monarca inglesa.

coronación – ceremonia en la que el rey o la reina son coronados oficialmente.

monarca – jefe de un reino, por ejemplo, un rey, una reina o un emperador.

primer ministro – ministro principal y encargado del gobierno con un parlamento.

responsabilidades – deber o trabajo que uno debe hacer porque es lo correcto u obligatorio.

Índice

Abdo Kids
ONLINE
FREE! ONLINE MULTIMEDIA RESOURCES

¡Visita nuestra página
abdokids.com y usa este código
para tener acceso a juegos,
manualidades, videos y mucho más!

Código Abdo Kids:
HQK4299